[美] 吴军 著

给孩子的人类文明史

12

童趣出版有限公司编　人民邮电出版社出版
北　京

图书在版编目（CIP）数据

给孩子的人类文明史 . 12 /（美）吴军著；童趣出版
有限公司编 . -- 北京：人民邮电出版社，2023.5
ISBN 978-7-115-60535-1

Ⅰ . ①给… Ⅱ . ①吴… ②童… Ⅲ . ①文化史 - 世界
- 少儿读物 Ⅳ . ① K103-49

中国国家版本馆 CIP 数据核字（2023）第 017041 号

著作权合同登记号　图字：01-2022-4735

著　　　　：[美] 吴军
责任编辑：王敬栋　段亚珍
责任印制：李晓敏
美术设计：木　春　李新泉

编　　　　：童趣出版有限公司
出　　版：人民邮电出版社
地　　址：北京市丰台区成寿寺路 11 号邮电出版大厦（100164）
网　　址：www.childrenfun.com.cn

读者热线：010-81054177
经销电话：010-81054120

印　　刷：鸿博睿特（天津）印刷科技有限公司
开　　本：787×1092　1/16
印　　张：6
字　　数：100 千字
版　　次：2023 年 5 月第 1 版　2023 年 5 月第 1 次印刷
书　　号：ISBN 978-7-115-60535-1
定　　价：36.00 元

前言
从近代到当代

当欧洲从农业时代过渡到工业时代之后，其文明对东方文明造成了冲击，中国、日本和印度等东方国家或被动接受，或主动效仿，数千年的传统基础发生了重大变革。

19世纪70年代，第二次工业革命在资本主义国家迅速展开。发电机、电灯、放映机等投入使用，人类进入大规模用电的"电气时代"；电报、电话的出现，使人类实现了实时通信；汽车、飞机的出现，大大缩短了地域之间的距离。从17世纪到19世纪，巴赫、海顿、莫扎特、贝多芬、肖邦等作曲家创作了一系列经典作品，莫里哀、雨果、巴尔扎克、狄更斯、马克·吐温、普希金等作家将文学发展繁荣。

20世纪上半叶，爆发了两次世界大战，给人类带来了无尽的苦难，各国领导人、政治家终于认识到建立国际组织的重要性。第二次世界大战之后，美、英、苏、中等国家共同创建了联合国。联合国的诞生是世界文明进步的一件大事，标志着全人类从此开始主要用和平的方式解决纠纷。

目 录

第一章 东方国家的发展与变革

中国的明清两朝

14 世纪中期到 20 世纪初期，中国先后处于明朝和清朝，此时经济和文明的发展速度相对缓慢，但国家疆土依然辽阔，统一多民族国家得到进一步的巩固和发展。明朝建立后的 150 年中，中国依然走在世界的前列。

明朝

明朝前期的政治

1368 年，朱元璋（1328—1398年）率领农民起义军成功推翻了前朝的统治，建立明朝，他就是明太祖。两个朝代更替的过程中，各地百姓的生活十分困苦。为了巩固政权，恢复国力，明朝政府推行了一系列政策。

经济上，朱元璋重视农业的恢复和发展，鼓励百姓发展农业生产；政治上，他采用强硬的手段阻止手下部将造反，杀害了追随他夺取政权的功臣，之后分封自己的子孙驻扎各地。

在中央政权建设上，朱元璋废除了中书省，取消了宰相制度（宰相是辅佐君王的官员群体，他们掌握一定的权力），以图加强中央集权。

尽管皇帝希望独揽大权，但他精力有限，无法及时处理所有政治事务，这个问题又该如何解决呢？明朝初年，朝廷设立了内阁，其中的成员一般不到 10 人，被称作"大学士"。内阁建立初期，内阁成员只负责辅佐皇帝治理国家，不掌握实际权力。此外，明朝皇帝还给宦官（也称太监）一定的权力，让他们去约束朝廷官员。

▲ 朱元璋

在官员选拔方面，明朝重视儒家经典，科举考试的题目必须来自"四书""五经"。明朝政府在地方开设了许多官办学校，限制了私人书院的发展。明朝的科举和教育制度有利有弊：一方面让平民阶层获得了做官的机会；另一方面导致知识分子一心谋求官位，不关心科技、文学和艺术的发展。

明朝的发展高峰

1402 年，明成祖朱棣（1360—1424 年）即位，他就是派遣郑和下西洋（明初，人们把今文莱以西的东南亚和印度洋一带的海域及沿岸地区称为西洋）的那位皇帝。朱棣在位期间国家富庶，仓廪丰实，史称"永乐盛世"（"永乐"是朱棣的年号）。他除了组织航海活动以外，还多次亲自率领军队打击外敌。明成祖之后，明仁宗和明宣宗维持了盛世局面，史称"仁宣致治"。

明世宗朱厚熜（cōng）（1507—1567 年）即位初期，实行了减轻租税、整顿赋役以及抑制宦官、裁减锦衣卫等措施，经济得到一定发展。但明世宗统治的中后期，政治日益腐化，财政每况愈下。

明朝中后期的财政危机

17 世纪初，明朝政府遭遇了财政危机，主要原因有三点：第一，北方遭受天灾，粮食产量下降；第二，统治阶级的生活费用节节攀升，如日常开支、礼仪典制、营建工程等开支

▲ 朱棣

▲ 明朝中后期女性

巨大，而且军费开支亦不断增加；第三，17世纪30年代，欧洲爆发价格革命，引发全世界通货膨胀，导致中国银贱物贵。加之，中国白银的国际产地——美洲和日本削减银矿产量，导致流入中国的白银减少。

财政问题导致社会局面动荡，各地接连爆发内乱。1644年，明朝在清政权和农民起义的双重打击下走向灭亡，清朝政府取代了明朝政府的统治地位。

清朝

清朝的建立

明朝后期，我国东北地区的女真族不断发展壮大。1616年，努尔哈赤（1559—1626年）统一了女真各部，建立政权，史称后金，为清朝的建立奠定了基础。努尔哈赤死后，皇太极（1592—1643年）继承汗位。

▲明朝晚期文人

▲努尔哈赤

1636 年，皇太极改国号为清。直至皇太极暴亡，明朝政府依然存在，清政府只控制了中国东北绝大部分地区及漠南地区。

1644 年，李自成（1606—1645 年）率领农民起义军攻占北京，推翻了明朝的统治。同年，明军将领吴三桂引清军入关，并与清军联合夹击李自成的军队。随后，清政府陆续消灭了明朝政权的残余势力和各地反清的力量，逐步建立起对全国的统治。

▲ 皇太极

▲ 李自成

康乾盛世

清朝初年，清政府采取了一系列恢复和发展生产的措施，如整顿赋役、奖励垦荒等。经过一段时间的恢复，清朝社会经济进入快速发展阶段。康熙、雍正和乾隆三位皇帝是清朝的重要统治者，他们在位期间农业、手工业和商业等方面的水平均大大超过前代，成为中国封建社会经济发展的高峰，形成"康乾盛世"。

严格限制对外贸易

从顺治统治时期开始，清政府颁布"禁海令"，严格限制海上贸易。康熙统治时期，曾开放宁波、漳州等地作为对外通商口岸，但清政府对出口的商品种类和出海船只的载重量做出严格限制。1757年，清政府下令关闭其他港口，只开放广州一处作为对外通商口岸。

到了晚清时期，西方殖民者正向东方扩展势力，清朝统治者担心国家领土主权受到侵犯，又害怕沿海人民与外国人交往，会危及自己的统治，于是实行"自主限关"政策。

▲ 康熙帝

▲ 雍正帝

▲ 乾隆帝

明清时期的经济

明朝的经济

农业

明朝时期，以农为本的自然经济持续发展。虽然经济发展速度缓慢，但中国依然是当时世界上最繁荣的国家之一。

传统农作物的品种得到推广，马铃薯、玉米、花生和向日葵等美洲作物陆续传入中国，当时的百姓有足够的粮食，能穿着比较舒适的棉质衣物。

手工业

当时中国的手工业水平仍然处于世界领先地位，冶铁、造船、建筑、纺织、印刷和瓷器制造等行业都相当发达。景德镇是全国的制瓷中心，所产瓷器畅销海内外。

商业

在明朝，中国主要出口丝绸和瓷器等商品，同时也进口外国的珠宝、钟表等。海外贸易给中国带来了大量的白银，进一步促进了手工业和商业的发展。中国商业的发展，带动了城市的繁荣，如南京、扬州、苏州、杭州等地，那里的人们发展起雇工数量较多的大规模手工作坊。随着商人阶层的逐渐崛起，明朝还出现了商帮，如山西的晋商、安徽的徽商。

▲ 明朝青花玉壶春瓶

清朝的经济

农业

清朝建立之初，政府推行"圈地令"，强行占领平民的土地，导致百姓外出逃亡，或沦落为他人的奴仆。后来，清政府废除了这项政策，并鼓励人们开垦荒地。在康乾盛世时期，不论是人口数量、耕地面积，还是粮食产量，都远远超过了以往任何一个历史时期。

商业

清朝实行自主限关政策，海外贸易发展受到了限制。但在国内，清朝前期的商业很发达，陆路和水路的商旅往来频繁，各地的商品贸易十分兴盛。晋商和徽商两个商帮发展壮大，他们发展起中国早期的金融业。

▲ 清朝男性巡行、骑射着装　　▲ 清末中上层汉族女性与旗人女性便服

明清时期的文化和对外交流

明清两朝推行传统儒家思想，强调封建伦理。这一时期，中国文化的主要成就是王守仁的哲学思想，以及黄宗羲、顾炎武和王夫之的启蒙思想。

王守仁与心学

王守仁（1472—1529 年）号阳明子，世称阳明先生，所以又称王阳明。他出生于浙江余姚的官宦世家，少年时跟随父亲游览各地，于是有了远大的志向。王守仁 27 岁时考中进士，从此成为朝廷官员，同时他也是著名的哲学家、政治家和教育家。

▲ 王守仁

王守仁继承并发展了由南宋哲学家陆九渊创立的"心学"（儒学中的一个门派），他的主要哲学著作是《传习录》和《大学问》。王守仁主张"心即理"，提倡"知行合一"。"知"指对道德的认知，"行"是指人的行为，"知行合一"强调人的道德认知和行为实践密不可分。王守仁的思想被后人称为"阳明心学"，对东亚其他国家的哲学家产生了影响。

明末清初的启蒙思想

明末清初，思想家黄宗羲、顾炎武和王夫之掀起了一股带有早期启蒙性的进步思潮。他们反对封建制度，提出了类似于西方启蒙思想的主张，强调以人为本、权力属于人民。

黄宗羲：天下为主，君为客

黄宗羲（1610—1695年）认为"天下为主，君为客"（天下百姓是主人，而君王是客人），强调官员们应该为百姓做官，而不是为君王一家做官。黄宗羲在当时已有一定的民主主义思想，有学者将其称为"中国思想启蒙之父"。

不过，黄宗羲并没有提出要建立新的政治制度。出于这种原因，他的思想与西方的民主思想存在明显的区别。

黄宗羲对历史很有研究，他发现许多统治者都曾推行赋税改革，其目的在于提升国家的财政水平，减轻百姓的缴税负担，但在实施改革的过程中，情况总是和统治者的想法相违背。改革初期，百姓的负担的确有所减轻，然而不久之后，百姓的负担会比过去更重。黄宗羲的这一认识被当代学者称作"黄宗羲定律"。

▲ 黄宗羲

顾炎武：保天下者，匹夫之贱与有责焉耳矣

顾炎武(1613—1682年)提出"以天下之权，寄之天下之人"，激烈地反对专制，主张限制君权，扩大地方权力。他还曾提到，"保天下者，匹夫之贱与有责焉耳矣"，意思是每一个普通白姓都有责任保卫国家。

清朝末年的学者梁启超根据这一思想提出"天下兴亡，匹夫有责"，意思是国家兴盛或衰亡，每个百姓都有义不容辞的责任。

▲ 顾炎武

王夫之：均天下、反专制

王夫之（1619—1692年）认为世界是由物质构成的，而物质是依照规律不断变化的。在政治上，王夫之主张"均天下"。他认为，土地不是君王的私产，而应归天下百姓所有。

总而言之，黄宗羲、顾炎武和王夫之认识到专制统治的不足，并提出了百姓参与政治的思想。遗憾的是，清朝统治者并没有接受诸如此类的进步思想，反而进一步加强了专制统治。

▲ 王夫之

明清时期的文学

三言二拍

明清时期的普通市民和知识分子都喜欢看戏或阅读白话小说，由此小说、戏曲等大众文学流行起来。大家知道，《三国演义》是元末明初文学家罗贯中的作品，除此之外，"三言二拍"也是这一时期的重要文学作品。

"三言二拍"是明末5部传奇小说集的并称，其中内容丰富多彩，文学价值高，全面展现了宋朝到明朝的百姓生活。

"三言"是指明朝文学家冯梦龙（1574—1646年）编纂的《喻世明言》《警世通言》《醒世恒言》，3部共有120篇故事。冯梦龙文学素养过人，他在明朝说书人讲故事的文稿底本基础上进行编辑、整理、再创作，由此形成了"三言"。

在"三言"的影响下，明朝文学家凌濛初（1580—1644年）编著了合称"二拍"的《初刻拍案惊奇》《二刻拍案惊奇》，两部小说集共有78篇故事（原有80篇，但其中有一篇重复，另有一篇为杂剧）。凌濛初笔下的故事情节曲折离奇，因此得名"拍案惊奇"（为奇异的事情拍着桌子惊叹）。

"三言二拍"是用白话文写成的小说，具有通俗易懂的特点。白话文与古代书面用语文言文相对，指的是以汉语口语为基础，经过加工后形成的语言。

▲ 冯梦龙

▲ 凌濛初

曹雪芹与《红楼梦》

四大名著之一的《红楼梦》是清朝文学家曹雪芹（约 1715 或 1721—约 1764 年）的作品。

清朝康熙年间，曹雪芹出生于上层社会的显贵人家，他的曾祖父、祖父、伯父和父亲先后三代在金陵（今南京）担任江宁织造要职近 60 年。从幼年到少年时期，曹雪芹经历了家族由盛转衰的过程，最终权力和财产尽数散失。在这样的情况下，他将自己的经历和对上层社会的观察当作素材，把全部心血都倾注在小说《红楼梦》之中。

《红楼梦》以贾宝玉、林黛玉、薛宝钗的爱情婚姻悲剧为主线，将"贾、王、史、薛"四大家族的兴衰作为背景，全面展现了清朝的社会风俗和时代风貌。整部小说人物形形色色，内容包罗万象，涉及诗词歌赋、琴棋书画、亭台楼阁、饮食药膳，以及佛教、道教、儒家思想等方面的知识，将中国传统文化的精华内容集于一体。

之后，许多学者以研究《红楼梦》见长，他们或探究作品中所包含的中国传统文化，或分析中国古代小说的叙事方式，或通过文本去了解清朝的历史。这些学者开创了"红学"（研究《红楼梦》的学问），他们也因此被称作"红学家"。

▶贾宝玉与林黛玉

明清与西方国家的文化交流

明清时期，中国与西方国家仍然保持着文化方面的交流，外国传教士把基督教和西方的近代科学知识带到中国，同时将中国文明传播到欧洲。来到中国的传教士之中，代表人物有意大利人利玛窦，法国人张诚、白晋和马约瑟，英国人伟烈亚力，比利时人南怀仁，德国人汤若望等，他们把西方的天文学、数学、地理学、物理学等科学知识介绍到中国。

17世纪末到18世纪末，欧洲人非常推崇中国的文明成就，他们将中国元素融入园林、建筑、装饰品、日用品之中。数学家莱布尼茨在写给朋友的信件中常常赞美中国文明。18世纪，法国传教士翻译并发表了杂剧《赵氏孤儿》，后经伏尔泰改编为话剧《中国孤儿》，在欧洲上演后引发轰动。

▲ 利玛窦

中国的衰落和自救

清朝皇帝乾隆在位时间 60 年，其间中国的经济由兴盛转为衰落，最终中央财政出现危机。之后，中国接连出现内部问题和外部问题。国内的问题主要是农民起义，当时起义军的规模不算大，而政府却为镇压内乱投入了大量军力和钱财，原因就在于清军日趋腐化，而且战斗力也大幅下降。

17 世纪前后，吸食鸦片的恶习由南洋传入中国。鸦片是从哪里来的呢？ 18 世纪，英国人从中国大量购买茶叶和丝绸，但中国人并不需要英国的工业品，英国人无法通过贸易获利，于是向中国大量走私鸦片，以图赚取钱财。鸦片给中国带来了巨大的灾难，上自王亲贵族，下至平民百姓，无数国人的健康受到损害。

为解决鸦片问题，清朝皇帝道光（1782—1850 年）派官员林则徐前往广州查禁鸦片。1839 年 6 月，林则徐在广东的虎门海滩当众销毁大量鸦片，史称"虎门销烟"（"烟"指鸦片烟）。

一年后，英国借查禁鸦片一事对

▼ 虎门销烟

中国发起侵略战争，史称"鸦片战争"。清军在战争中失败，清政府被迫签订了不平等条约《南京条约》。根据条约内容，清政府做出了割让土地、赔偿钱款、开放贸易口岸的妥协。后来的几十年中，多个国家向中国发动战争，清政府也因此陆续签订了一系列不平等条约，丧失了东北和西北的大片领土。

19世纪中叶，由于清政府腐朽无能，西方国家欺压无度，以洪秀全为首的农民军发起了太平天国起义运动。太平天国一度控制了长江下游地区，定都于南京。但在不久之后，起义军出现内部斗争，势力由盛转衰，最终被清政府镇压。

清朝官员曾国藩（1811—1872年）是镇压起义军的重要官员，他和左宗棠、李鸿章等人看到了西方先进技术对战争的影响，提出"师夷长技以制夷"（学习西方的先进之处，用以抵制西方强国），开展了学习西方先进技术的洋务运动。"洋"指外国，"务"指科技、军事等事务，"洋务运动"就是学习外国各项事务的运动。

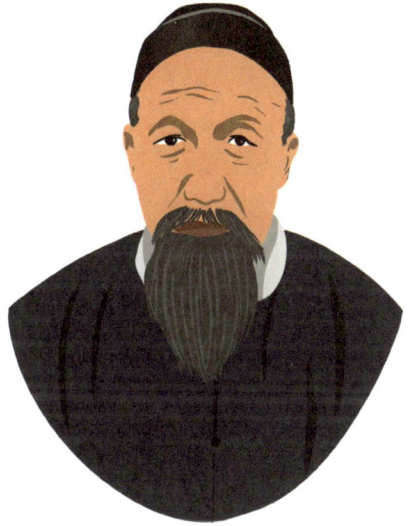

▲ 曾国藩

在洋务运动时期，中国引进了大量西方科学技术和学说著作，培养了一批留学童生，打开了西学的大门。不过，洋务运动的根本目的是维护和巩固清政府的统治，并没有打算改变政治制度。举国上下都保持着皇权专制的思想，无法完成从农业时代到工业时代的过渡。因此，中国人虽然开设了很多现代公司，走上了工业发展的道路，甚至建立了现代化的海军，但国家仍然停留在封建社会。

1911年，"武昌起义"爆发，清政府无力对抗，于1912年结束了统治。中国从此步入中华民国时期，人们继续探求变革与发展的良方。

日本从幕府时期到明治维新

根据文献记载，1—2世纪，日本有100多个小国。5世纪，大和政权基本统一了日本。6世纪末到12世纪末，日本先后经历了飞鸟时代（592—710年）、奈良时代（710—794年）和平安时代（794—1192年）。

日本在飞鸟时代施行了"大化改新"政策，标志着日本从奴隶制社会转变为中央集权制的封建社会。从那时起，日本在政治和文化等方面不断学习、效仿中国。在奈良时代和平安时代，日本的最高统治者是天皇，其权力和地位类似于中国的皇帝。

日本武士的兴起

奈良时代初期，日本政府十分重视农业，为鼓励垦田，推行改革政策，规定新开垦的土地不再归国家所有，而是归开垦者私有。政府实行这一政策的目的是鼓励百姓开垦土地，从而让百姓缴纳更多的赋税，提升国家财政水平。但是，现实情况与政府的期望背道而驰。贵族等上层群体大规模开田垦荒，他们在此基础上建造起庄园。9世纪末以后，大贵族庄园获得不缴纳赋税、不允许官员进入其领地的特权。为保护自己的利益，庄园主给庄民配备了武器，形成私人军队式的武装组织。得到武装的庄民逐渐不再从事农业生产，而是发展为专门的武士群体。

11世纪初，武士群体的势力范围超过了庄园，他们建立起集团，即著名的"武士团"。武士团有大有小，大小集团之间的关系类似于欧洲中世纪的领主与附庸。武士团有时会为庄园主对抗政府，有时会为政府抵抗外敌。

幕府时期：武家掌握实权

平安时代后期，源氏和平氏是日本最强大的两个武士团，在长期斗争之后，源氏武士团最终赢得了胜利。紧接着，源氏首领源赖朝（1147—

1199 年）一步步将原本属于天皇朝廷的政治权力掌握在自己手中，于 1192 年被任命为"征夷大将军"（将军头衔，原为大和国政府为征服虾夷族人设置的军事高官职位，后一直沿用），在日本沿海城市镰仓建立了幕府。"幕府"的本义是军队出征时使用的带有幕帘的帐篷，一般被用来指代将军的办事部门；自源赖朝在镰仓建立幕府，就转义为将军的府邸和武士政权的中心。源赖朝开启了日本的幕府时期，他本人遵守武士的本分，并没有推翻天皇朝廷。日本的幕府时期长达 600 多年，幕府和天皇朝廷一直保持并存，但天皇不再掌握实权。

日本战国时代：从室町（tīng）幕府到德川幕府

14 世纪，室町幕府依靠各地武士团的力量推翻了镰仓幕府。后来，参与斗争的大名（日本封建时代的大领主，到了战国时代，领土扩大，相当于中国的诸侯）获得了很大的权力，对幕府将军形成了威胁。1467 年，日本爆发了"应仁之乱"，随后各地接连发生叛乱，国家由此进入了征伐不断的战国时代（1467—1573 年）。

日本战国时代和中国战国时代有一定的相似之处：中国的诸侯彼此敌对，同时与朝廷敌对，在自己的封地内同样受到贵族的挑战；日本的大名彼此敌对，同时与幕府敌对，在自己的领地中也面临着被取代的危险。

在战国时代的动乱之中，室町幕府走向衰落，最终被织田信长（1534—1582 年）推翻。织田信长后来遭家臣袭击而自杀，部将丰臣秀吉（1536—1598 年）确立领导地

▲ 源赖朝

位。丰臣秀吉死后，部将德川家康（1542—1616 年）掌握政权，建立起德川幕府。随后，他通过"大阪之战"除掉了敌对方丰臣家族的残余势力，巩固了德川氏的统治地位。德川幕府时期，日本社会分为 4 个阶层，即士（武士）、农、工、商。

日本幕府时期主要被划分为 3 个阶段，分别是镰仓幕府（1192—1333 年）、室町幕府（1336—1573 年）和德川幕府（又称江户幕府，1603—1867 年）。

日本幕府时期，武家（为幕府工作的人）和公家（天皇、朝廷和服务于天皇朝廷的贵族阶层）形成了对抗关系。公家无法通过军事战争获得胜利，但在文化方面影响着武家。当然，武家文化仍然以武士道为核心，武士们推崇忠诚、勇敢等美德，把尊严看得比生命更重要。

▼ 应仁之乱

▲ 织田信长

▲ 德川家康

德川幕府的"锁国令"

16 世纪中叶，天主教从欧洲传入日本，受到广大群众和部分不满幕府的武士的欢迎。与此同时，幕府将军发现那些积极开展对外贸易的领主逐渐发展壮大，对幕府的统治形成了威胁。为了打击传教活动，限制地方领主的发展，德川幕府在 1633 年到 1639 年颁布了一系列律令，逐步实施并加强了锁国政策。

在德川幕府长达 200 年的锁国时期里，中国、荷兰等少数几个国家仍然与日本保持贸易往来。中国对日本的影响源远流长，德川幕府尤其推崇儒学，因此双方往来密切。荷兰与日本保持往来的原因则复杂一些，荷兰政府为了在大航海贸易中打败西班牙、葡萄牙等国家，对德川幕府宣称其他国家的传教活动是为了控制日本。德川幕府因此对荷兰人产生信任，同意维持贸易关系。

18 世纪到 19 世纪，日本兴起"兰学"，即"荷兰的学问"，后来泛指通过荷兰语学习西方的科学技术。当日本面临外国列强，不得不谋求改革进步时，兰学为改革奠定了基础。

▲ 在日本的荷兰人

黑船事件

19世纪中期，当日本坚持实施锁国政策时，西方国家已经在政治、科技等方面发生了天翻地覆的变化。美国希望与日本进行贸易往来，但被德川幕府回绝了。1853年7月8日，美国海军准将培里率领4艘黑色军舰驶入日本港口，史称"黑船事件"。培里向日本人展示了美国的武力装备，给德川幕府带来了美国总统的书信，要求对方开放港口。

德川家庆（1793—1853年）是当时的幕府将军，他担心回绝美国人会引发战争，而答应对方又会引发民众的反对，因此陷入了左右为难的境地。在幕府高官的协助下，德川家庆同意了美国的要求，但表示要在第二年春天给出确切的答复。培里表示认可，于是率人马离开了日本港口。

德川家庆为此心急患病，紧接着撒手人寰。他的儿子没有能力处理政事，于是幕府高官先后询问了天皇的看法，以及各地大名的意见。1854年2月，众人还没商议出结果，培里就已率军队再次出现。这一次，培里和德川幕府展开谈判，双方签订了有关同意通商的《日美亲善条约》（又称《神奈川条约》）。不久之后，德川幕府又与俄国、英国、法国、荷兰等国家签订了开放港口的条约。

▲ 德川家庆

倒幕运动

日本开放国门之后，本国经济遭到了严重的打击，平民和下层武士生活在苦难之中，德川幕府却无力解决问题。日本的知识分子群体关心国家存亡，他们提出必须向西方学习先进的科学技术，恢复本国的发展。为了实现目标，他们认为首先要"尊王攘夷"，"尊王"指的是要求幕府把统治权还给天皇，"攘夷"意思是抵抗外国入侵。

人们起初并没有产生"倒幕"（反对幕府）的想法，但是德川幕府软弱无能，于1858年同美国、荷兰、俄国、英国、法国五个国家签订了"安政五国条约"，这让爱国民众改变了看法。

人们认识到当务之急是推翻幕府的统治，于是一部分中下级武士联合西南强藩和朝廷公卿形成倒幕派，发动了"倒幕运动"。

经过倒幕派的一系列斗争，加上农民起义连续不断，幕府统治发生了根本的动摇。1867年11月9日，幕府将军德川庆喜（1837—1913年）向朝廷提出辞职，将政权交给了天皇，史称"大政奉还"。然而，他真正的想法是对外宣称天皇无力治理国家，这么一来就能让幕府的势力进入朝廷，从而掌握政治权力。不过，倒幕派没有给幕府这个机会，他们坚决要求德川庆喜彻底放弃土地和军事权力。倒幕派和幕府为此发动战争，最终倒幕派获胜，统治日本600多年的幕府走到了尽头。

▼ 大政奉还

21

明治维新

1868 年，日本明治天皇（1852—1912 年）掌握了政权，他改江户为"东京"，在那里建立了新的中央政府。随后，明治天皇整顿内政，实行了一系列改革，史称"明治维新"。明治维新的三大政策为"殖产兴业""文明开化""富国强兵"，即推行地税改革，大力发展近代经济；向西方资本主义国家学习教育、科学文化、生活方式等，最终实现富国强兵。

▲ 明治天皇

1868 年，明治政府颁布了《五条誓文》，也就是明治维新的实施纲领。誓文内容包括政府和民众上下一心，共同面对国家事务；废除封建制度，实行改革；向西方先进国家学习；等等。

明治维新仍然保留了天皇制等封建制度，它并不是一次彻底的资产阶级革命。不过，明治维新仍然是一次积极进步的改革。通过明治维新，日本从封建主义社会过渡到资本主义社会，从半殖民地国家发展为独立的资本主义强国。

明治维新以后，日本效仿西方列强国家走上了对外侵略的道路。19世纪末和 20 世纪初，日本发动了一系列侵略战争，如中日甲午战争等。

印度的独立运动

在 18 世纪到 19 世纪中叶的印度，英国通过与法国的一系列争夺战争和多次侵略战争，完成了对印度的全部占领。印度完全沦为英国的殖民地。

英国政府通过英国东印度公司经营印度事务，给印度人民带来了深重的灾难。值得注意的是，英国东印度公司和荷兰东印度公司有着相似的名字，并且都拥有自己的军队，但二者并没有直接关联。

19 世纪中叶，英国完成了工业革命，进一步加强了对印度的经济掠夺和政治压迫，引发了一场大规模的起义，史称"印度民族大起义"。

1857 年，印度士兵首先起来反对英国殖民者，随后农民、手工业者以及一些被剥夺了权力的印度王公也加入起义军。这场斗争持续了近两年，最终起义军败给了英国殖民者。

印度民族大起义爆发以后，东印度公司结束了代管使命，英国政府接手管理印度，将印度改为直辖领地。1876 年，英国将印度命名为"印度帝国"，各土邦实行区域自治，这种管理模式被称作"附属联盟"。大约在此后的 70 年中，印度以英属印度的殖民地身份参与国际活动。

英国虽然控制了印度，但印度拥有悠久的历史和独特的文明，当地人并不认同殖民者的统治。20世纪初，印度在甘地的领导下，发起了非暴力不合作运动，打击了英国的殖民统治。1947 年 8 月 15 日，印度宣告独立，结束了英国殖民主义者对南亚次大陆长达 190 年之久的直接统治。

▼印度民族大起义

结 语

中国清朝末年，朝廷官员提出"师夷长技以制夷"，开展了学习西方科学技术的洋务运动。但是，当时的统治者并不打算改变政治制度，国家仍然停留在封建社会。清朝于1912年结束统治，此后中国进入中华民国时期，人们继续探求变革与发展的良方。

日本德川幕府时期，国家实行锁国令。在黑船事件以后，日本被迫打开国门，本国经济遭到了打击。有识之士谋求变革，推翻了幕府的统治，恢复了天皇的地位。明治天皇掌握政权之后，推行了"明治维新"改革，日本迅速走上资本主义道路。

印度遭受英国殖民者的侵略和控制，当地人不断进行抗争。1947年8月15日，印度宣告独立，结束了英国殖民主义者对南亚次大陆长达190年之久的直接统治。

总体来说，中世纪结束以后，东方文明与西方文明长期保持交流，但彼此独立发展。当欧洲从农业时代过渡到工业时代以后，其文明对东方国家造成了冲击。面对西方文明，中国、日本和印度等东方国家或被动接受，或主动效仿，数千年的传统基础发生了重大变革。

第二章

近代科学技术与第二次工业革命

电学的发展

在第一次工业革命发生一个世纪以后，西方国家迎来了第二次工业革命，主要成就包括电的普及，通信的发展，以及汽车、飞机等新式交通工具的发明。

今天，世界各地的人们都会用到电灯、电视、电冰箱等电器，但事实上，人类从认识电到利用电经历了漫长的过程，众多科学家为此做出了贡献。

正电、负电与电池

公元前 6 世纪，古希腊哲学家泰勒斯发现一个现象：当他用毛皮摩擦琥珀时，琥珀会产生静电，从而吸附细小的东西。他由此得出了重要的认识，那就是人类可以主动制造电。

18 世纪，科学家对电有了进一步了解：用丝绸摩擦玻璃棒，能使玻璃棒产生另一种静电，它和琥珀上的静电性质相反。科学家本杰明·富兰克林将用毛皮摩擦琥珀产生的电命名为负电，用丝绸摩擦玻璃产生的电则命名为正电。他发现当两种电接触的时候，就形成了电流，从正极流向负极。

1800 年，意大利科学家亚历山德罗·伏特（1745—1827 年）把铜圆板和锌圆板堆叠在一起，中间隔着含有盐水的纸板，制造出圆柱状的伏特电堆，也就是世界上最早的"电池"。当时，拿破仑将军对科学很感兴趣，专门在巴黎接见了伏特，并给这位科学家颁发了奖金。

▲ 伏特

事实上，伏特电堆的电力非常弱，不能应用于工业生产。不过，它标志着人类首次制造出了可被利用的电。在后来的半个多世纪中，科学家创造出更好的方法，将电普及到了工业生产和百姓生活之中。

从电磁研究到电气时代

1820 年，丹麦物理学家汉斯·奥斯特（1777—1851 年）无意中发现电流能让磁针转动，这意味着电力如同其他的力一样，可以改变物体的运动状态。

在奥斯特的研究基础上，英国物理学家、化学家迈克尔·法拉第（1791—1867 年）发现了电磁感应现象，并且确立了电磁感应的基本定律。1831 年，法拉第已经把机械能转化为电能，为现代电工学奠定了基础。

1866 年，德国发明家恩斯特·维尔纳·冯·西门子（1816—1892 年）研发出世界上第一台真正能够投入工业生产的直流发电机。

▲ 西门子

▲ 法拉第

▲ 爱迪生在发明电灯泡的纪念宴会上

小知识

"发明大王"爱迪生

在电气时代的发明家之中，最著名的人物莫过于托马斯·阿尔瓦·爱迪生（1847—1931 年）。爱迪生出生在美国，他的父亲是一位商人，母亲曾经是一名教师。童年时期的爱迪生好奇心很强，最喜欢实验和发明创造。他在学校上学的时间只有三个月，后来在家中接受了母亲的教育。

爱迪生一生拥有上千项发明专利权，比较著名的有电灯、留声机、电影摄影机等。爱迪生被人们看作天才，但他本人表示"天才是 1% 的灵感加上 99% 的汗水"。

事实上，爱迪生正是靠勤奋和努力改进了白炽灯。当灯丝被电流加热到 1000 多摄氏度时，电灯才能发出光亮。然而，寻找合适的灯丝是一件难事。大部分材料都会在高温下被烧断，爱迪生和他的同事们一共尝试了近 1600 种材料。

灵感和汗水之外，动脑思考对发明家来说也尤为重要。爱迪生在发明电灯的过程中不断思索和总结失败的原因，得出了一则认识：灯丝之所以会被烧断，是因为空气中的氧气参与了燃烧。出于这种原因，他将灯泡中的空气抽走，由此发明了耐用的电灯。

随着电学不断发展，科学家们建立起电磁相关理论，其中贡献最大的人物当数英国物理学家詹姆斯·克拉克·麦克斯韦（1831—1879 年）。麦克斯韦建立了电磁场的基本方程，即麦克斯韦方程组。该方程组直接导出了电磁场的波动方程，进而预言了电磁波的存在。麦克斯韦还断定光是电磁波。

▲ 赫兹

▲ 麦克斯韦

1887 年，德国物理学家亨利希·鲁道夫·赫兹（1857—1894 年）用实验证实了麦克斯韦的推测，发现了电磁波的存在，并证明光是一种电磁现象，为无线电、电视和雷达的发展找到了途径。

电磁波究竟是什么呢？无论是声波、光波，还是电磁波，其中的"波"字指的都是以振动形式传播到远方。根据麦克斯韦和赫兹的理论，人们认识到电磁波可以被应用于远距离的信息传递。

自富兰克林 1746 年第一次用数学上的正负来表示两种电荷的性质到麦克斯韦预测电磁波，电学在 100 多年的时间中快速发展。然而，电学相关发明却仅仅被少数人了解和使用，其原因在于电并没有得到普及。

1893 年，西屋电气公司利用发明家尼古拉·特斯拉（1856—1943 年）改进的多相交流发电机为美国各地提供交流电，美国进入大规模用电阶段。

▲ 特斯拉

从那以后，电改变了人们的生产和生活方式。人类社会进入"电气时代"：各地工厂的技术得到了革新，发电机和电动机逐步取代了蒸汽机；发明家发明了电梯，摩天大楼如雨后春笋般出现；有轨电车和地铁改变了城市公共交通，促进了超级大都市的形成；电参与化学的发展，科学家利用电解方法发现了新元素；冶金业也运用同一方法提炼出了高纯度的金属；电灯改变了人们"日落而息"的生活习惯；电影则为大众提供了一种新的娱乐方式。

通信的革命

在古代，人们没有手机、电话和计算机，只能通过寄信等方式进行远距离沟通。

古代中国的官员会利用马匹传递情报，并专门设立了类似邮局的驿站，从而方便人们中途歇宿和换马。

大航海时代，水手们发明了信号旗，方便遥遥相隔的船员们了解信息。后来，人们不断改进这种通信方式，将其沿用至今。

沙佩发明机械臂信号机

18 世纪末，法国工程师克劳迪·沙佩（1763—1805 年）发明了一种可动双臂的视觉信号机。首先，在高地上建一座塔，每一座塔上配备一对望远镜（分别对准前后方），再安装信号机。信号机的每一臂能取 7 种清晰可见的角度，因此信号机的双臂有 49 种组合来表示不同的字母和符号。这就意味着它能传递相当多的信息。1794 年，沙佩只用了不到 1 个小时就将情报传递到了 200 千米之外的地方。

▲ 沙佩

沙佩发明的信号机存在一个问题，那就是它造价昂贵，实用价值有限。不过，法国当时正在和反法同盟开展斗争，急需情报传递设备，因此沙佩还建了另外一些线路。然而，这种信号机在大约半个世纪后就被淘汰了，因为人们有了更先进的通信方式——电报。

▶沙佩发明的信号机

莫尔斯与电报

1837 年，美国画家、发明家塞缪尔·莫尔斯（1791—1872 年）经过反复试验研制出最早的电磁式电报机。两年后，他利用电学知识将英文字母和数字"翻译"成由点和线组成的电信号，这些电信号被称为"莫尔斯电码"。

▲ 莫尔斯

电报传递信息的方式远比机械臂信号机更先进，大大加快了信息的传递速度。之后，莫尔斯主持修建了世界上第一条电报线，标志着人类从此步入了实时通信时代。1844 年，电报正式投入使用。

电报起初是新闻从业者的得力工具，之后很快被应用在军事领域。德国军事家利用电报发明了一套全新的战术，使各个区域的军队能够通过实时沟通来加强配合。

贝尔发明电话

19 世纪下半叶，很多发明家都希望发明一种能供人们实时声音交流的装置，也就是我们今天所熟悉的电话。不过在很长一段时间里，大多数人发明的电话都不够实用。

1876 年，美国发明家亚历山大·贝尔（1847—1922 年）在助手沃森的协助下，发明了一种电话机，沃森通过液体发射机和调谐舌簧接收机第一次听到贝尔传来的声音。1878 年，两人在相距 300 千米的两地进行长途通话，大获成功。

▲ 贝尔

贝尔不仅是杰出的发明家，同时也是成功的企业家，他建立了自己的电话公司，将这种新发明推广开来。到了 20 世纪初，除南极以外的各个大洲都有了电话网络。电话比电报更加先进，大大方便了百姓的生活。

无线电技术与收音机

19 世纪末，特斯拉运用麦克斯韦和赫兹的电磁学理论发明了无线电技术，希望通过电磁波来传递能量。同一时期，意大利物理学家古列尔莫·马可尼（1874—1937 年）发明了无线电信息发射和接收器具，把无线电通信从试验扩展到大规模实际应用领域。1901 年 12 月，首先在大西洋两岸实现了无线电信号的传送。马可尼和物理学家布劳恩共同获得 1909 年诺贝尔物理学奖。特斯拉和马可尼的技术最初被应用于无线电报，后来被应用于民用收音机。

▲ 马可尼

热力学的成就

19 世纪，蒸汽机在世界范围内得到普及，大大促进了工业的发展。不过，各地发明家并不满足于现状，而是希望在前人的基础上，研发一种更高效的机械。

有没有获取能量的最佳办法？如何在做工时尽量少用能量，甚至不用能量？很多人长期思考这类问题，甚至希望制造出不用能量的永动机。

科学家们对蒸汽机的原理展开研究，开创了物理学中的热力学，而这一学科的理论成果则推动了技术的革新。

焦耳的热力学研究

詹姆斯·普雷斯科特·焦耳（1818—1889 年）出生于英国的一个富裕家庭，他曾在曼彻斯特大学跟随著名科学家道尔顿学习。他毕业后先是参与自家啤酒厂的经营，只把科学研究当作个人爱好。后来，由于焦耳在科学方面获得的成就越来越高，他投入到科学方面的精力也就越来越多。

▲ 焦耳

焦耳研究科学的出发点是希望用电机取代蒸汽机，从而提高酒厂的生产效率。1840 年，焦耳发表论文《论伏打电生热》，说明电流在导线中能生热，进而提出了关于电能转换为热能的定律；不久后，俄国物理学家楞次也独立地发现了同样的定律，因此该定律被称为"焦耳 – 楞次定律"。我们今天使用的许多家用电器的工作原理都与这个定律有关，比如电热毯、电熨斗、电热水壶等。

之后，焦耳开始研究机械能和热能之间的转换关系。通过精确测量实验中的温度数据，他提出了热力学第一定律，即能量守恒定律（另一位提出者是德国物理学家迈尔）：能量之间会发生转换，但总量不会发生改变。通过这条定律，人们认识到能量不可能凭空产生，只能从一种形式转换为另一种形式。因此，没有人能制造出永动机，人们只能不断尝试提高转换效率。

1852 年，焦耳和著名物理学家威廉·汤姆孙（即开尔文爵士，1824—1907 年）合作，提出了焦耳－汤姆孙效应，即气体自由膨胀时温度下降的现象，为后来内燃机的发明奠定了理论基础。

克劳修斯：热力学第二定律

既然能量之间可以发生转换，那人类能不能利用自然界的热能呢？有人提出可以制造一种将海水热量转换为动力的机器。因为海水的质量是如此之大，只要海水的温度降低一点点，释放出的热量就够人类使用了。这个想法并不违背能量守恒定律，因为它消耗的是海水的内能，因此当时人们把这种机器称为第二类永动机。

1850 年，德国物理学家鲁道夫·克劳修斯（1822—1888 年）提出了热力学第二定律：不可能使热量自发地从低温物体传到高温物体而不引起其他变化，任何热力循环发动机不可能将所接受的热量全部转化为机械功。根据这一定律，人们认识到永动机不可能被发明出来。

▲ 克劳修斯

内燃机与新式交通工具

正如蒸汽机能够把蒸汽的能量转换为动力那样，发电机可以把其他能量转换为电能，电动机可以把电能转换为其他能量，内燃机则能把燃料在机器内部燃烧所释放的热能转换为动力。

奥托发动机

1860 年，比利时发明家艾蒂安·勒努瓦（1822—1900 年）参考蒸汽机制造了一种以煤气和空气的混合气为燃料的内燃机，这种机械很有价值，但效率比较低，因此没有推广开来。

1876 年，德国发明家尼古劳斯·奥托（1832—1891 年）设计并制成了一种以煤气为燃料的内燃机，他的设计非常合理，人们后来在此基础上制造了汽车、飞机的发动机，而这类具备相同原理的机械都被称作"奥托发动机"。

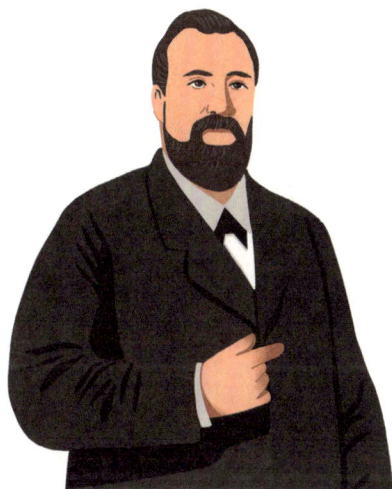

▲ 奥托

汽车的发明

戈特利布·戴姆勒（1834—1900年）原来在奥托的公司担任技术主任。1882年，他离开奥托的公司，与威廉·迈巴赫（1846—1929年）创办了发动机制造厂。他们研制出的汽油发动机，极大地提高了热效率，为汽车、飞机等新发明的迅速发展奠定了基础。

▲ 迈巴赫

1885年左右，他们制造出一种理想的内燃机，并将其组装在一辆自行车上，证明了内燃机可以驱动交通工具。1886年，戴姆勒成功制造出世界上第一辆四轮汽车。

▲ 戴姆勒

19 世纪末，尝试制造汽车的发明家并非只有戴姆勒一人。在四轮汽车出现前一年，德国发明家卡尔·本茨（1844—1929 年）制造出一辆三轮汽车。1913 年，美国福特汽车有限公司使用流水线生产汽车，带来了汽车制造业的革命。

汽车扩大了人们日常生活的范围，加快了商品运输的速度。19 世纪末，人们虽然能够使用汽车、火车和轮船出行，但仍然希望用更快的速度抵达更远的目的地。于是，许多发明家尝试实现这一想法，把精力投入到飞机的研发之中。

▲本茨

▲本茨设计制造的三轮汽车

▲福特与妻子克拉拉驾驶着福特四轮汽车

飞机的发明

人类很早就梦想着像鸟一样飞行，不过唯有科学技术能使梦想成真。18 世纪，热现象的本质进入科学家的研究领域，他们纷纷提出各种不同的观点；而纺织业的发展带来了更轻巧、更结实的布料。在此基础上，法国的蒙戈尔菲耶兄弟制造出热气球，并于 1783 年完成了世界上第一次成功的载人升空表演。

▲蒙戈尔菲耶兄弟的热气球飞行实验

1900 年，德国工程师斐迪南·冯·齐柏林（1838—1917 年）利用内燃机发明的"齐柏林飞艇"试飞成功。这种飞艇非常大，下方的吊舱可供多人乘坐。1929 年 8 月，人们用齐柏林飞艇实现了历史上第一次环球飞行，总共历时 21 天左右。1937 年，当时世界上最大的飞艇在飞行时起火焚毁，造成了人员伤亡。之后，齐柏林飞艇工厂在战争中被炸毁，此后再也没有恢复制造大型飞艇。

▲ 齐柏林

▼齐柏林飞艇"博登湖"号

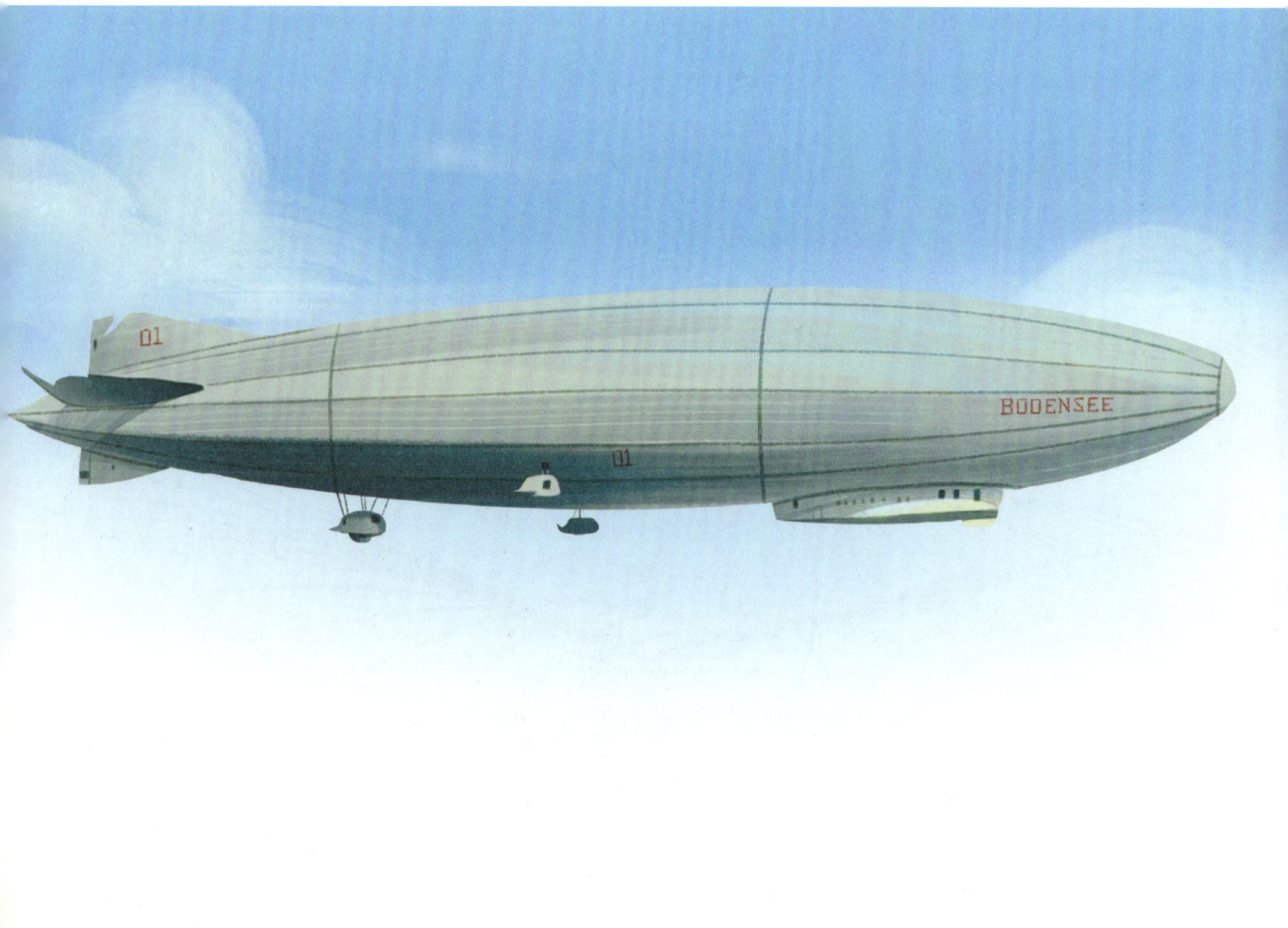

飞机比飞艇更先进，但它的发明涉及三个难题：怎样提供上升所需要的升力？怎样提供前进所需要的动力？如何实现飞机的操控？没有一个发明家能够一次性找到答案，这些问题最终是由三代发明家陆续解决的。

1804年，英国发明家乔治·凯利（1773—1857年）成功地飞行了第一架滑翔机模型。1809年，他发表研究报告《论空中航行》。文中指出飞行器不应该单纯模仿鸟类的飞行动作，而是应该用不同的装置提供升力和动力。这篇论文为飞机的发明提供了正确思路，凯利也因此被人们称作"空气动力学之父"。

1889年，德国工程师奥托·李林塔尔（1848—1896年）发表著作《鸟类飞行——航空的基础》，被认为是航空科学的基础著作，为后来的飞行器发明家提供了参考。

李林塔尔制造出了单翼和双翼

▼李林塔尔准备试飞

滑翔机，后来的几年时间里，他完成了 2000 多次飞行试验，并不断地改进设计。遗憾的是，由于理论研究和准备工作不够充分，李林塔尔在一次飞行中不幸丧生了。

第三代飞机发明家是美国的莱特兄弟（哥哥是威尔伯·莱特，1867—1912 年；弟弟是奥维尔·莱特，1871—1948 年），他们很重视理论知识，并且在试验中非常谨慎。

莱特兄弟修正了李林塔尔的设计，发明了用来控制机翼的操纵杆，之后针对飞机的平衡、俯仰和转弯等操纵方式做了大量试验。1902 年，他们进行了 700 到 1000 次滑翔试验，实现了飞行转向控制。1903 年，莱特兄弟成功试飞"飞行者一号"，这一事件标志着人类从此进入飞机时代。

▲ 莱特兄弟

1914 年，第一次世界大战爆发，飞机被应用于军事领域。战争结束后，人们开始将飞机投入民航运输事业中。今天，大型喷气式客机是世界各地常见的交通工具，大大缩短了地域之间的距离。

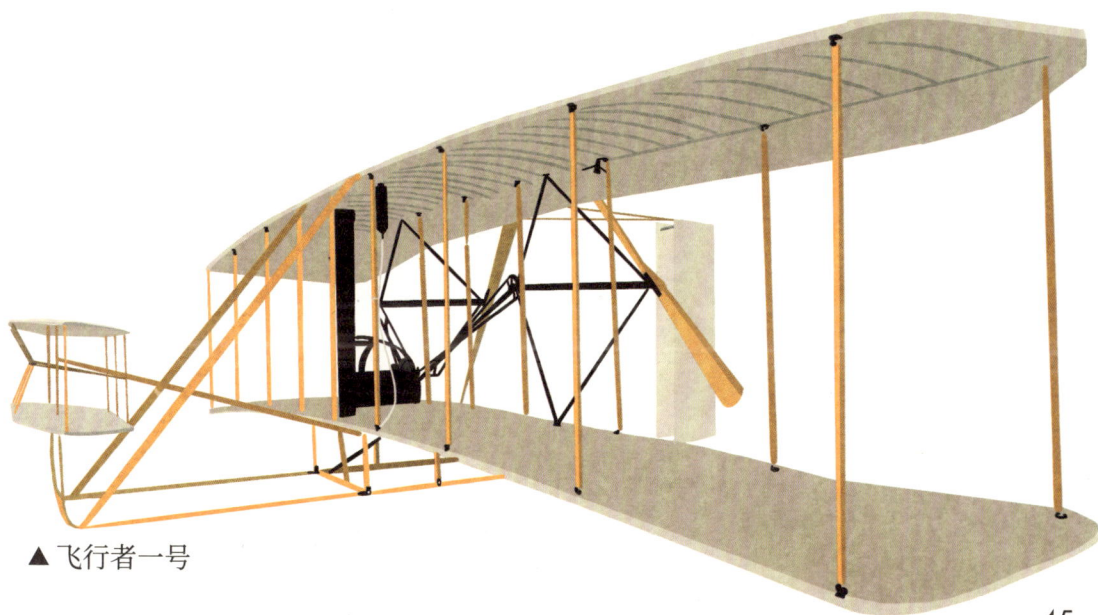

▲ 飞行者一号

生物学的发展

从古代到近代，人类对宇宙的了解越来越多，但对人和其他生物的认识一直很有限。人体是如何运转的？构成生命的基本单位是什么呢？人们在很长一段时间中难以回答这类问题，其原因主要在于缺少实验条件和研究方法。

在德国思想家恩格斯看来，19世纪自然科学的三大发现是能量守恒定律、细胞学说和进化论，后两项发现都属于生物学领域。那么，生物学是如何发展的？学者们通过什么样的方式对人体产生了认识呢？

从表象研究到细胞学说

第一阶段：表象研究

公元前4世纪，亚里士多德对植物进行了分类整理。1000多年后，中国明朝的医学家李时珍也对植物的药用功能进行了分析和整理。他们实现了生物学研究的第一阶段，即表象研究。

第二阶段：生物体的内部结构研究

古希腊时期，学者们初步发展了解剖学，对人体的骨骼和肌肉有了初步的认识。解剖学的研究成果不仅为医学提供了帮助，还推动了雕塑艺术的发展。不过在当时，人体解剖不被社会所接受，因此相关研究受到了阻碍。

古罗马时期，医学家盖仑通过解剖动物来推测人体器官的作用，但动物和人的构造并不完全相同，所以他得出的结论也存在许多错误。

从中世纪到文艺复兴时期，医学的中心从欧洲转移到阿拉伯帝国，又从阿拉伯帝国回到了欧洲。16世纪中期，比利时解剖学家安德烈亚斯·维萨里完成解剖学著作《人体的构造》，他在书中添加了很多亲手绘制的插图，为后来的研究者提供了参考。

第三阶段：生物体的组织和细胞研究

1665年，英国科学家罗伯特·胡克（1635—1703年）利用显微镜观察到软木的细胞。胡克是细胞的发现者和命名者。1702年，荷兰科学家列文虎克（1632—1723年）用自己改进的显微镜观察雨水，发现水滴中有肉眼看不到的微生物。他还用显微镜观察到了动物的肌纤维，以及准确描述了血红细胞。

▲ 胡克使用的显微镜

列文虎克虽然看到了细胞，但他还没有认识到细胞与生物体之间的关系。1838年，德国科学家施莱登（1804—1881年）提出细胞是构成植物体的基本单位。随后，德国科学家施旺（1810—1882年）将这一结论推广到动物界。19世纪中叶，德国病理学家魏尔肖（1821—1902年）提出"细胞通过分裂产生新细胞"，揭示了生物体的构成及其生长原理，完善了细胞学说相关理论。

物种的起源与进化

为什么狗和狼看起来有相似之处？世界上的各种生物从何而来？

法国生物学家拉马克（1744—1829年）提出了"用进废退说"，意思是生物经常使用的器官会越来越发达，不使用的器官则会逐渐退化。拉马克还提到，这种变化可以遗传给下一代。比方说，长颈鹿原本可能是一种短脖子的生物，由于它们需要吃高处的树叶，所以不断做出伸长脖子的动作，经过一代又一代遗传，最后变成了现在的样子。但是，拉马克的说法很多尚只是假设，缺乏观察证据，有些假设甚至到现在都没有定论。比如运动员通过锻炼获得了发达的肌肉，但他们能否把这样的成果遗传给自己的后代。

在拉马克学说的基础上，英国生物学家达尔文（1809—1882 年）对生物进化展开了研究。达尔文从小就对生物学非常感兴趣，他大学毕业后曾陪同大学教授去北威尔士旅行 3 周以学习野外地质考察。他发现那里的昆虫和大陆上的昆虫有很大的差异。通过分析和思考，达尔文得出一则结论：为了适应海岛特定的环境，昆虫改变了自身的一些特征。

▲达尔文

1831 年，达尔文以博物学家的身份参加了一次长达 5 年的环球考察，他在途中采集了大量矿物和动植物标本，还挖掘了很多生物化石。通过对比标本和化石，达尔文对物种的出现、消失和演变产生了进一步的认识。1859 年，达尔文根据自己的研究写出了《物种起源》，这是一本震撼全球的科学巨著。

达尔文在《物种起源》中提出了完整的进化论思想，他认为物种长期不断进化，由低级发展到高级，由简单发展为复杂。那么，物种为什么要实现进化呢？达尔文的解释十分经典，那就是"能生存下来的，不是最强壮的，而是最能适应变化的物种"。

达尔文的进化论不仅回答了物种的起源和进化问题，还揭示了世间万物都通过演变和进化而来。继牛顿之后，达尔文又一次让人类认识到需要用发展的眼光看问题。

结 语

从认识电到应用电，人类经历了漫长的过程。德国发明家西门子制造了世界上第一台直流发电机；美国发明家爱迪生改进了白炽灯、留声机、电影摄影机等电器，改变了人们的生活方式；美国发明家特斯拉在前人的基础上改进了多相交流发电机，人类进入大规模用电的"电气时代"。在电学发展的基础上，莫尔斯发明了电报机和莫尔斯电码，贝尔发明了电话机，人类步入了实时通信时代。

热力学方面，焦耳和迈尔提出了热力学第一定律，克劳修斯提出了热力学第二定律。在此基础上，德国发明家奥托发明了内燃机，尝试用这种机械来取代蒸汽机。

戴姆勒和本茨几乎在同一时期利用内燃机发明了汽车，随后美国福特汽车公司开始使用流水线生产汽车。20世纪初，德国工程师齐柏林发明了飞艇，莱特兄弟在前人研究基础上发明了飞机。汽车和飞机扩大了人们的生活范围，缩短了地域之间的距离。

生物学的发展经历了表象研究、生物体的内部结构研究，以及生物体的组织和细胞研究三个阶段。学者们通过细胞学说揭示了生物体的构成及其生长原理，完善了细胞学说相关理论。1859年，英国生物学家达尔文出版了《物种起源》，在书中回答了物种的起源和进化问题，对世界各地的人们产生了深远影响。

第三章

近代音乐与文学

近代音乐

自远古时代到近代之前，音乐艺术的发展与宗教有很大的关联。在欧洲中世纪，专职音乐家通常受教会供养，并服务于教会。文艺复兴以来，人们的物质生活逐渐富足，音乐演变成日常娱乐的一部分。一些音乐家受到贵族的资助，他们的作品不再表现宗教题材，而是更多地反映现实生活。

18 世纪到 19 世纪，德国和奥地利成为音乐艺术的中心，那里先后出现了巴洛克、古典主义、浪漫主义等音乐流派及思潮。与此同时，俄罗斯音乐发展至高峰，呈现出独具特色的风格。

巴洛克音乐

"巴洛克"一词源于西班牙语和葡萄牙语，本义是形状不规则的珍珠，还有一层含义是细节丰富。人们最初用"巴洛克"来形容文艺复兴后期的豪华建筑和精致装饰，后来也用这个词描述那些华丽而精美的乐曲和画作。巴洛克风格流行于 17 世纪到 18 世纪，人们称这一时期为"巴洛克时期"。

巴洛克时期的代表人物有意大利音乐家维瓦尔第，德国音乐家亨德尔和巴赫。在三人之中，最有影响力的是巴赫。

巴赫

约翰·塞巴斯蒂安·巴赫（1685—1750 年）出生于德国音乐世家，他的祖父、父亲、哥哥都是音乐家。巴赫 10 岁左右失去了双亲，此后前往哥哥家生活。他在哥哥的指导下学会了演奏管风琴等乐器，以及简单的作曲。

▲ 巴赫

在学校时，巴赫先是在唱诗班里唱歌，后来改做管风琴手和小提琴手。他还曾在学校的图书馆里学习到许多前辈的作品，为自己的创作奠定了基础。巴赫 17 岁时离开家乡，在贵族的私人乐队里担任管风琴师，其间不断寻找名师来指点自己的音乐创作。几年过后，他已经成为当地很有名气的乐师了。

18 世纪初，欧洲最好的作曲家通常来自意大利，德国的音乐则显得古板而单调。巴赫以创作《勃兰登堡协奏曲》《平均律键盘曲集》《b 小调弥撒曲》以及其他大量教堂音乐与器乐杰作而著称，他将新颖、丰富的音乐表现形式融入创作之中，影响了德国音乐的发展。

巴赫去世后大约 50 年间，他的音乐无人问津。1800 年之后巴赫音乐复兴，其势如火如荼。作曲家门德尔松整理、出版了他的曲谱。当后世聆听巴赫的作品时，一致认为他奠定了近代音乐的基础。巴赫被公认为是有史以来最伟大的作曲家之一。

▼ 巴赫曾就职的教堂

古典主义音乐

18世纪下半叶至19世纪20年代，西欧的音乐家和画家通过对古希腊、古罗马的艺术形式进行模仿，在各自的领域创作出严格遵循规律的作品，由此形成了以古典风格为标志的西欧作曲学派，又称"维也纳古典乐派"，代表人物主要有海顿、莫扎特和贝多芬。

海顿

弗朗茨·约瑟夫·海顿（1732—1809年）出生于奥地利，他一生创作了大量乐曲，其中最著名的作品是《伦敦交响曲》。海顿最大的贡献在于确立了交响曲的形式，即整首曲子由4个乐章组成，依照顺序分别是奏鸣曲式、变奏曲式或省略展开部的奏鸣曲式、小步舞曲或谐谑曲、奏鸣曲式或回旋曲式。直到今天，大部分交响曲仍然沿用这一传统。

莫扎特

沃尔夫冈·阿马多伊斯·莫扎特（1756—1791年）出生于奥地利，他从小就表现出极高的音乐天赋。6岁时，他曾在维也纳为女王演奏钢琴。到了8岁，他已经创作出多首交响曲和协奏曲。莫扎特被人们称作"神童"，而他的成就并没有止步于童年。

莫扎特在短暂的一生中极其多产：有编号的交响曲41部，各种独奏乐器和乐队协奏曲50余部；除此

▲海顿

▲莫扎特

之外，还有歌剧等多种音乐体裁。莫扎特擅长运用音乐塑造人物，他的代表作有歌剧《费加罗的婚礼》和《唐璜》等。

贝多芬

路德维希·凡·贝多芬（1770—1827年）出生于德国，他的父亲是一位男高音歌手，引导他走上音乐道路。贝多芬12岁时担任宫廷副管风琴师，17岁时担任音乐老师。1792年，贝多芬定居于奥地利维也纳。

贝多芬28岁时，就患有耳疾。到了1802年，贝多芬发现自己的耳疾越来越严重，对创作乐曲造成了阻碍。他一度意志消沉，但艺术理想让他重燃斗志。

▲贝多芬

1804年，贝多芬创作完成了《英雄交响曲》，用音乐描绘了法国大革命的场景。这部作品场面宏大、风格强烈，表现出革命英雄勇于牺牲的大无畏精神。1808年，贝多芬根据人生经历创作了《第五交响曲》，他把自己对命运的抗争，以及民众对敌人的斗争一并写进了这部乐曲中。《第五交响曲》的开头是一段著名的激烈旋律，贝多芬称之为"命运的敲门声"，所以这部乐曲又叫《命运交响曲》。

1820年左右，贝多芬不幸失去了全部听觉，但他仍然坚持与命运抗争，不断为民众创作乐曲。德国诗人席勒曾写过一首以自由为主题的诗歌《欢乐颂》，贝多芬希望把这首诗融入一部交响曲，鼓舞人们为自由而战。

1824年5月7日，贝多芬的《第九交响曲》在维也纳首演，他亲自指挥了这场演出。《第九交响曲》的第四乐章正是《欢乐颂》，在短暂的宁静之后，欢乐与自由的乐章仿佛从天而降，整部交响曲迎来胜利的高潮。演出结束后，观众们一次又一次鼓掌，场面无比热烈。

▼ 维也纳康顿剧院（如今已不是剧院，
贝多芬的《第九交响曲》在此首演）

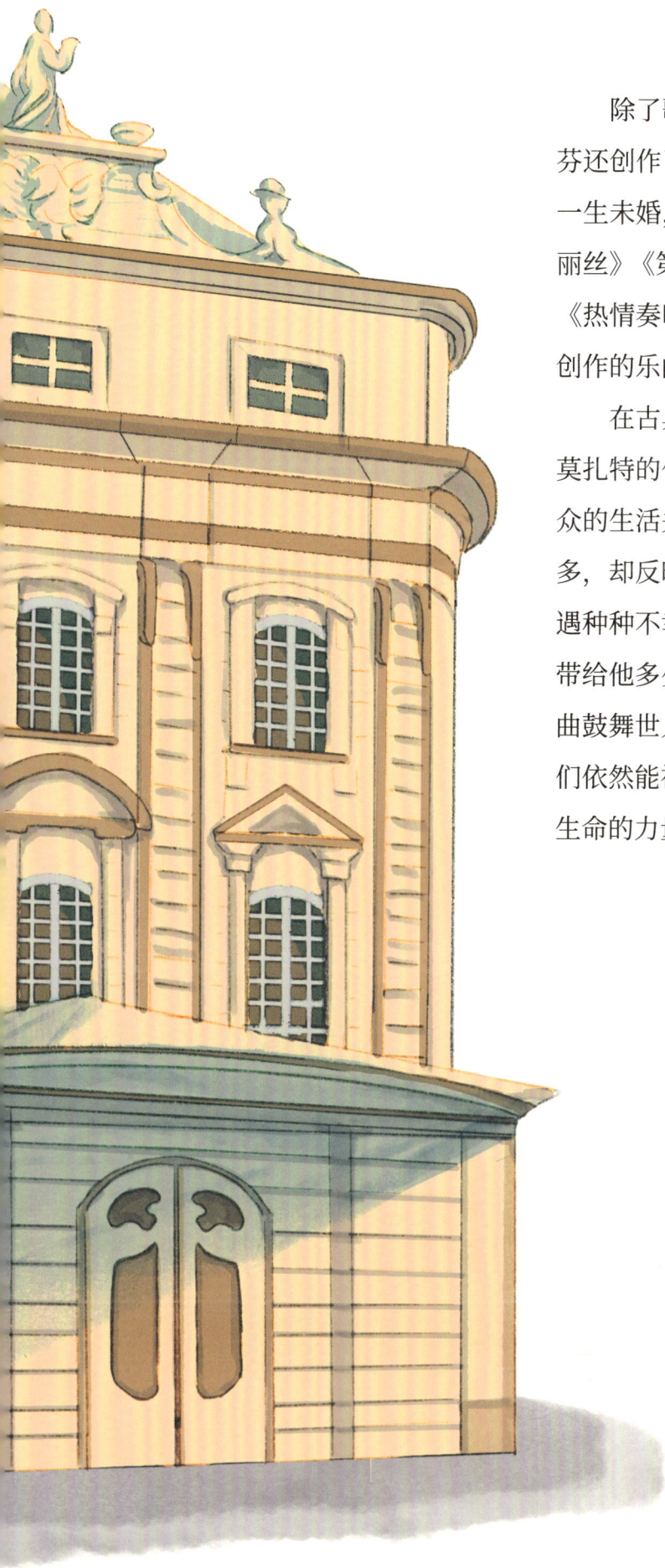

除了歌颂英雄的作品之外，贝多芬还创作了一些其他主题的乐曲。他一生未婚，但多次坠入爱河，《致爱丽丝》《第四交响曲》《月光奏鸣曲》《热情奏鸣曲》都是他以爱情为主题创作的乐曲。

　　在古典主义音乐家之中，海顿和莫扎特的作品典雅庄重，但与普通民众的生活关联较少；贝多芬的作品不多，却反映了大众的心声。贝多芬遭遇种种不幸，一生孤苦，世界并没有带给他多少幸福和欢乐，但他却以乐曲鼓舞世人自强不息。时至今日，我们依然能被他的作品打动，从中获取生命的力量。

浪漫主义音乐

19 世纪，工业革命带来了乐器的改进，演奏者的技巧也相应提高，音乐界出现了浪漫主义思潮。欧洲各地的市民希望丰富自己的文化生活，因此一大批优秀的作曲家和演奏家活跃于当时。浪漫主义音乐的代表人物有舒伯特、门德尔松、舒曼、肖邦、李斯特等，他们留下了大量的优秀作品。与古典主义音乐相比，浪漫主义音乐更注重情感的表达和乐曲的呈现效果，不受规则的限制。

肖邦

弗里德里克·肖邦（1810—1849年）出生于波兰，他 6 岁开始学钢琴，8 岁登台演出，被认为是继莫扎特和贝多芬之后的又一位音乐天才。肖邦十几岁时已成为一流的钢琴演奏者，但他体弱多病，无法长时间弹奏，因此没能成为那个时代最出名的演奏家。肖邦在作曲方面造诣更高，他创作的钢琴曲优美动听，深受人们的喜爱。

1830 年革命时期，肖邦前往奥地利维也纳演出，而他的故乡波兰爆发了反对俄国的起义。由于社会动荡不安，肖邦无法回到波兰，因此辗转去了法国巴黎。法国大革命以后，巴黎的社会变革不算激烈，上层人士恢复了浪漫的生活，非常欣赏肖邦的音乐作品。

肖邦对俄国统治者的做法感到愤恨，他选择用音乐来展现波兰的优秀文明，让人们了解到他的祖国不应受此欺凌。他创作了大量波兰风格的马祖卡和华尔兹舞曲，这些作品至今仍然受到世界各地钢琴演奏家和音乐爱好者的推崇。其中，《A 大调军队波兰舞曲（作品 40 号）》和《降 A 大调英雄波兰舞曲（作品 53 号）》最具代表性，这两部乐曲情绪激昂、气势宏伟，赞颂了反抗入侵的英雄，歌颂了波兰人不屈不挠的精神。

俄罗斯音乐

19世纪末，俄国音乐进入发展高峰。俄国音乐的代表人物有柴可夫斯基等，他们的作品展现出独特的民族风格。

柴可夫斯基

柴可夫斯基（1840—1893年）是俄国最伟大的音乐家之一，他出生于贵族家庭，原本听从父亲的安排学习法律，后来考入了音乐学院，并在毕业后成为一名音乐教授。

▲ 柴可夫斯基

柴可夫斯基一生中创作了6部交响曲、11部歌剧、3部芭蕾舞剧，以及一些钢琴曲、序曲和交响诗。他的作品类型丰富，内容深刻，被一些学者称作"俄罗斯音乐之魂"。

1877年，柴可夫斯基创作的著名的芭蕾舞剧《天鹅湖》首演。

1880年，柴可夫斯基完成了著名的《一八一二年序曲》，这部乐曲取材自发生于1812年的俄法战争，俄国人成功击退拿破仑的入侵，赢得了战争的胜利。《一八一二年序曲》分为三部分，开头以俄罗斯风格的旋律描述了辽阔的俄罗斯大地，刻画了在这片土地上生活的广大群众；中间部分是两种旋律的冲突，一种旋律是象征法国的《马赛曲》（鲁热·德·利尔在1792年为法国大革命创作的乐曲），另一种旋律描绘了奋起反抗的俄国军民；结尾部分，《马赛曲》渐行渐远，俄国国歌在枪炮声和钟声里回荡，代表俄国最终赢得胜利。

芭蕾舞剧《天鹅湖》

《天鹅湖》是一部 4 幕芭蕾舞剧，剧中讲述了王子和公主的爱情故事。

公主奥吉塔不幸被恶魔用魔法变成了白天鹅，只有在晚上才能变回人形。解除魔咒的办法只有一个，那就是她必须得到坚贞的爱情。

一天晚上，王子齐格菲尔德在天鹅湖畔看到了变身为少女的奥吉塔，深深地爱上了她，并邀请她于次日到城堡里参加舞会。恶魔得知此事后，把自己的女儿打扮成奥吉塔的模样，前去参加舞会。王子不幸受到了欺骗，他和恶魔的女儿结下婚约，而奥吉塔将永远变成天鹅。

好在王子及时发现了真相，他赶往天鹅湖，得到了奥吉塔的谅解。然而就在这时，恶魔卷起滔天大浪，打算淹死王子。奥吉塔跃入湖中舍身相救，两人坚贞的爱情战胜了邪恶。奥吉塔恢复了人形，她和王子开始了幸福的生活。

《天鹅湖》全长两个多小时，配乐非常优美。白天鹅的主旋律采用双簧管和弦乐器来呈现，表现了公主奥吉塔的柔美和伤感。主旋律贯穿全曲，临近结束时以高亢的形式变奏，揭示了爱情终将战胜邪恶。

近代文学

17世纪末到19世纪末，西方近代文学先后经历了古典主义、浪漫主义、现实主义等多个阶段。与此同时，俄罗斯文学发展繁荣，诸多文豪创作出风格各异的作品。

古典主义文学

古典主义文学在戏剧创作上有一套严格的规范和标准：剧作结构遵循"三一律"，即一出戏所叙述的故事发生在一天（一昼夜）之中，地点只有一个场景，情节服从于一个主题；叙事方面，全剧仅有一条主线，排除其他故事插曲；人物塑造方面，每个人物的性格都非常鲜明，好人不做坏事，坏人不做好事；语言方面，用词准确、精练、典雅；故事结局的安排上，正义要得到维护和伸张。

从路易十四时期开始，到法国大革命前夕，欧洲经历了文学史上的古典主义时期。这个时期的代表人物是剧作家高乃依、拉辛和莫里哀等，其中最著名的是莫里哀。

莫里哀

莫里哀（1622—1673年）本名让·巴蒂斯特·波克兰，他出生于法国巴黎的一个富裕之家。莫里哀不仅是剧作家，还经常在剧中担任演员。他尤其擅长书写喜剧作品，代表作有《伪君子》《吝啬鬼》等。莫里哀对喜剧艺术的发展有深远影响，伏尔泰把莫里哀誉为"描绘法兰西的画家"。

▲ 莫里哀

浪漫主义文学

浪漫主义文学家更多地刻画了现实中有优点、缺点和弱点的普通人，而非形象高大的英雄或伟人。在形式方面，浪漫主义作家不再强调"三一律"等标准，而是主张在作品中表现矛盾冲突。

在经历了古典主义后，人们开始更加关注社会民生问题，这时候的文艺作品热情奔放，充满想象力。浪漫主义文学盛行于从法国大革命结束到第二次工业革命开始之前的这段时期，最具有代表性的作家是雨果。

雨果

维克多·雨果（1802—1885 年）从小就爱好文学创作，曾经多次在法国诗歌写作比赛中获奖。他早期的作品风格浪漫，文辞华丽；中后期的作品则注重反映社会矛盾及民众的苦难。

▲ 雨果

《巴黎圣母院》是雨果的代表作之一，其中展现了几个具有代表性的艺术形象，他们分别是外表美丽、心灵美好的吉卜赛少女爱斯梅拉达，外表丑陋、心灵美好的敲钟人卡西莫多，以及外表丑陋、内心阴险的教会人员。这部小说想象力丰富，情节离奇，讨论了当时社会背景下人性的善恶，以及爱情和忠诚等问题。

▲ 卡西莫多与爱斯梅拉达

现实主义文学

19 世纪下半叶，资本主义世界开始了第二次工业革命，经济发展迅速，但贫富差距带来的社会问题也非常严重。因此，许多作家通过作品直接反映现实，揭露社会上的丑恶现象。现实主义文学的代表人物有司汤达、巴尔扎克、狄更斯、马克·吐温等人，他们揭示了社会问题，但是没有指出解决办法，因此又被称作"批判现实主义作家"。

司汤达

司汤达（1783—1842 年）本名马利－亨利·贝尔，他是受浪漫主义文学影响的现实主义文学的代表。他在成长过程中经历了法国大革命，以及后来的拿破仑战争。

司汤达的代表作是小说《红与黑》，这部作品以法国七月革命为时代背景，讲述了平民于连的故事。于连希望成为拿破仑那样的上层人物，为此不惜采用种种不光彩的手段。他在即将飞黄腾达时被人揭发，最终身败名裂，走上断头台。

司汤达笔下的于连是文学史上不朽的人物形象，他的魅力在于将矛盾的性格集于一身。于连面对爱情时温柔、腼腆，追逐利益时却又冷酷、残暴。作为平民，他拥有追求平等的反抗精神；作为资产阶级知识分子，他兼具自私自利的特性。

▲ 司汤达

▲ 《红与黑》主人公于连

巴尔扎克

奥诺雷·德·巴尔扎克（1799—1850年）出生于法国的一个中产阶级家庭，他一生中创作了近百部作品，塑造了超过2000个栩栩如生的人物形象，是法国现实主义文学的主要代表。

巴尔扎克的作品合称《人间喜剧》，分为"分析研究""哲理研究""风俗研究"三大类。"风俗研究"又分为私人生活、外省生活、巴黎生活、政治生活、军旅生活、乡村生活等6个场景。其中，巴尔扎克最著名的作品是《欧也妮·葛朗台》《高老头》《幻灭》等。《人间喜剧》展现了法国社会的全貌，被人们看作"19世纪法国资本主义社会的百科全书"。

▲ 巴尔扎克

狄更斯

查尔斯·狄更斯（1812—1870年）出生于英国的贫寒人家，他曾经在工厂里做童工，饱尝艰辛苦难。狄更斯成为作家之后，更多地在小说中刻画性格鲜明的中下层平民，向世人揭露社会的不公。狄更斯将自身经历作为素材，创作了代表作《大卫·科波菲尔》。此外，他的著名作品还包括《双城记》《远大前程》《雾都孤儿》《艰难时世》等。

▲ 狄更斯

马克·吐温

马克·吐温（1835—1910 年）本名萨缪尔·兰亨·克莱门斯，他是美国批判现实主义文学的奠基人。

《镀金时代》是马克·吐温和作家查尔斯·沃纳合著的一部长篇小说。"镀金"二字指的是表面光鲜亮丽，内里十分复杂，甚至有些丑陋。实际上，美国第二次工业革命前期的社会正是这样一种状况：经济发展进入黄金时期，但社会腐败也进入全盛时期。这部作品中有三教九流的人物，他们都希望通过自身的工作来提升财富和地位。在社会高速发展的时代，很多人都希望一夜暴富，但只有少数人能获得成功。

19 世纪是欧美文学大发展的时期，侦探小说、悬念小说和科幻小说都出现于当时。英国涌现出大量优秀的女作家，包括简·奥斯汀、勃朗特姐妹、玛丽·雪莱等。

19 世纪之前，人们必须将文字作品应用于演出才能获取收入，而小说只能作为个人爱好。因此，古典主义时期的文学作品以戏剧居多，而浪漫主义、现实主义文学作品则以小说见长。

▲ 简·奥斯汀

▲ 马克·吐温

俄罗斯文学

很长一段时间里，欧洲的知识分子普遍使用拉丁语进行创作，本地语言则更多地作为日常交流所使用的口语。文艺复兴时期，但丁用意大利语创作诗歌，莎士比亚用英语创作戏剧，他们促进了地方语言的发展。与此同时，俄国上层群体主要说法语，很少有人用俄语进行文学创作。

到了近代，俄国文豪普希金等人开始用俄语创作，在主题、风格和特点方面奠定了俄罗斯文学的发展基础。

普希金

亚历山大·谢尔盖耶维奇·普希金（1799—1837 年）出生于莫斯科的一个贵族地主家庭，早年经历了拿破仑战争，接受了自由、平等的启蒙思想。在文学创作上，普希金用作品反映俄国的种种问题，提倡上层社会的改革。

▲ 普希金

《叶甫盖尼·奥涅金》是普希金的代表作，俄罗斯第一部现实主义作品。小说中的主人公奥涅金成长于贵族家庭，他厌倦了上流社会的空虚生活，决心去乡村从事农业改革。然而，奥涅金受到的贵族教育使他一无所长，很难有所收获。在乡下度过的时光中，奥涅金本可以跟地主家的千金小姐塔吉雅娜展开爱情，但他最终亲手毁了自己的幸福。

塔吉雅娜是典型的俄国女性，外貌不出众，但有思想、有个性，情感丰富，为人忠诚。她接受了良好的教育，受到了启蒙思想的熏陶，但现实只给她安排了一条路，那就是结婚生子。当她看到奥涅金时，就如同看到了救命稻草，寄希望于得到爱情。不过，她的努力终归是"竹篮打水一场空"。

　　奥涅金是典型的俄国贵族人物，他对社会问题有所不满，但又没有解决办法，所以只能放弃理想，回避现实。19世纪的俄国上层社会有很多像奥涅金一样的人，他们被作家屠格涅夫称为"多余人"。

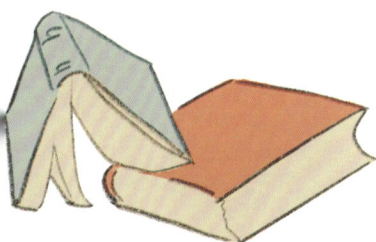

▲奥涅金与塔吉雅娜

"多余人"与"小人物"

普希金之后，许多俄国文豪都在作品中或多或少地刻画了一些类似于奥涅金的"多余人"。由于俄国处于专制统治时期，这些受到良好教育的"多余人"通常在政府机构任职，没有多少进步空间。他们批评社会，却不采取行动，被列宁称作"语言上的巨人，行动上的矮子"。

除了"多余人"，俄国作家还以塑造"小人物"见长。小人物指的是地位比较低的小职员和小官吏。他们的身份很特殊：一方面被人称作"先生"或"老爷"；另一方面受上司欺辱，被视作"老鼠""擦脚的破布"。普希金的《驿站长》中作为十四等文官的驿站长，果戈理的《外套》中作为九等文官的抄写员，陀思妥耶夫斯基的《穷人》中的小公务员，他们都属于这一阶层。小人物通常心地善良，希望过上更好的生活，但是在俄国的专制制度下，他们的命运往往十分悲惨。

俄国大多数文学家出身于贵族家庭或者大地主家庭，他们与笔下的"小人物"不属于同一阶层。不过，他们的见识超越了自己所处的阶层，将揭露社会问题作为知识分子的责任，并且用作品引起了人们的重视。俄国作家在创作主题上具备共性，而创作形式上又各有风格，比如普希金行文浪漫，果戈理言辞幽默，陀思妥耶夫斯基擅写人与人之间的矛盾，屠格涅夫则以反讽见长。总而言之，俄罗斯文学丰富多彩，与欧洲其他国家的文学有较大的不同。

结　语

　　近代是音乐、绘画和文学艺术发展的高峰时期，艺术领域先后出现了古典主义、浪漫主义和现实主义等思潮和流派。艺术之所以会出现种种演变，是因为社会风貌发生了种种变革。艺术如同时代的镜子，通过欣赏音乐、画作和文学作品，我们能够了解各个时期、地区的文明发展情况。

　　18世纪以后，音乐的中心从意大利转移到德国和奥地利，巴赫、海顿、莫扎特、贝多芬、肖邦等作曲家留下了一系列经典作品，用音乐反映了革命、战争等时代主题。

　　同时，欧美各国的文学家用戏剧和小说来反映时代风貌。高乃依、拉辛和莫里哀等剧作家推动了古典主义戏剧的发展，雨果的作品则更多地书写现实人物。巴尔扎克、狄更斯和马克·吐温等作家通过小说揭示了社会问题，他们被称作"批判现实主义作家"。普希金和果戈理等作家用"多余人"和"小人物"的故事反映社会问题，将俄罗斯文学发展繁荣。

第四章

从近代到当代的战争与和平

美国内战

美国的奴隶制问题

美国独立后，经济迅速发展，领土不断扩张。北方完成了工业革命，南方却以种植园经济为主，大量依靠黑奴劳动。黑奴问题就是南北方争论的焦点。北方各州主张废除奴隶制。但是南方各州需要黑奴作为劳动力，而且在一些州黑奴的比例特别高，所以南方各州宁可不签署宪法，也要保留奴隶制。

本来，南方的奴隶制经济因为生产效率低、成本高，到 18 世纪末已奄奄一息。但是，1793 年惠特尼制造出来的轧棉机改变了现状。随着轧棉机在南方普及，棉花加工效率大幅提升，种植业迎来了新一轮的大发展，南方的奴隶制绝处逢生。

▼ 美国南方劳作的黑奴

74

美国南北方对于关税问题也有较大分歧。美国北方的工厂规模较小，缺乏与其他国家大型工厂竞争的实力，所以当地人希望提高关税，促使民众更多地购买本土工业品。美国南方的棉花等农产品竞争力比较强，所以当地人希望取消关税，进一步与其他国家展开自由贸易，以便获取更多利润。北方的工厂主无法获得更大的市场，南方的种植园主反而靠奴隶制发展得蒸蒸日上，两地在蓄奴问题和关税问题上的矛盾越来越深。

美国西部新开发领土的建州问题引发了南北方更大的冲突。南方种植园的奴隶主力图把每个新州变成蓄奴州，北方资产阶级则力求把每一个新州变成自由州。美国的蓄奴、关税等矛盾日益尖锐起来。

内战爆发

1860 年，亚伯拉罕·林肯（1809—1865 年）当选美国总统，他主张保护北方工业，限制奴隶制的发展。南卡罗来纳州不愿牺牲利益，宣布退出联邦。南方多州纷纷响应南卡罗来纳州，共同成立了"南部同盟"，并且推举了一位总统。南方的几个军事要塞原本由联邦政府军驻守，南部同盟成立之后各州用武力手段夺回了要塞。1861 年 4 月 12 日，南方军队挑起战争，美国内战就此爆发。

▲ 亚伯拉罕·林肯

战争初期，北方在军事上连遭失败，南方军队曾一度直接威胁到了首都华盛顿。1862 年 5 月，联邦政府颁布《宅地法》：只要缴纳 10 美元登记费，就可以在美国西部领取 160 英亩（大约相当于 0.65 平方千米）土地，连续耕种 5 年后，成为私有财产。《宅地法》极大地鼓舞了联邦军队中广大士兵的战斗热情。同年 9 月，林肯发表了《解放黑人奴隶宣言》，解放了大量的黑人奴隶。

南部同盟的总司令是罗伯特·爱德华·李（1807—1870 年），他是一位军事才能出众的将军，多次指挥军队在战役中获胜。1863 年 7 月，葛底斯堡战役爆发，北方军队抵挡了南方军队的进攻，北方军队转入反攻。战役结束后，林肯为悼念阵亡将士发表了葛底斯堡演说，指出内战是对美国的一场考验，"民有、民治、民享"的政府不会就此消亡。

▲罗伯特·爱德华·李

1865 年 4 月 9 日，南方军队投降，北方军队取得最后的胜利。但就在几天之后，林肯被一位拥护奴隶制的狂热分子刺杀身亡，举国上下为他哀悼。林肯不但废除了奴隶制，还维护了美国的完整，是美国历史上最著名的总统之一。

内战结束后，美国形成了南北统一的市场。紧接着，美国在第二次工业革命中快速腾飞，用很短的时间就发展为世界工业强国。

第一次世界大战及战后格局

到了 19 世纪末，欧洲各国先后完成了工业革命，生产力大幅提升，但本国百姓并不需要这么多的商品，到哪里去寻找巨大的、空白的市场，消化本国供大于求的产能呢？欧洲各国之间为抢夺更多的市场、原料产地和投资市场明争暗斗。最终，世界大战爆发了。

同盟国与协约国

19 世纪末 20 世纪初，欧洲各国形成了两支军事联盟：德国、奥匈帝国和意大利于 1882 年结盟，称为"同盟国"；英国、法国和俄国于 1904 年到 1907 年结盟，称为"协约国"。在地理位置上，同盟国彼此接壤，协约国彼此分离。

同盟国	协约国
德国	英国
奥匈帝国	法国
意大利	俄国

1905 年，法国打算把摩洛哥（非洲西北部的沿海国家）纳入自己的势力范围，摩洛哥为此向德国寻求援助。不久之后，德国皇帝宣称将保护摩洛哥独立，致使德国和法国的关系变得紧张。1911 年，摩洛哥发生内乱，法国趁机攻占其首都及其他城市。德国为此要求法国割让法属刚果作为赔偿，并派遣军舰前往摩洛哥港口示威。两次摩洛哥危机之后，德国和法国之间彻底形成敌对关系。

1912 年到 1913 年，俄国和奥匈帝国也因插手其他国家的问题而发生矛盾。至此，协约国与同盟国形成了法、德与俄、奥两组对抗关系，为世界大战埋下了伏笔。

萨拉热窝事件

1908 年，奥匈帝国单方面宣布正式吞并巴尔干半岛上的波斯尼亚和黑塞哥维那，引发塞尔维亚的强烈反对。

1914 年 6 月，奥匈帝国在波斯尼亚的首都萨拉热窝举行军事演习，目的是展示其战争实力。弗朗茨·斐迪南是奥匈帝国的皇位继承人，他和妻子在检阅演习之后遭到刺杀，双双身亡。

此时，奥匈帝国将矛头指向了塞尔维亚。一个月以后，奥匈帝国向塞尔维亚宣战，第一次世界大战就此爆发。

▼萨拉热窝事件

第一次世界大战

萨拉热窝事件发生后，德国支持奥匈帝国，俄国支持塞尔维亚。很快，德国向俄国宣战，又因俄、法同属协约国而对法国宣战。为开辟进攻法国的道路，德国入侵德、法之间的中立国比利时。英国为维护比利时和自身的国土安全，向德国宣战。

第一次世界大战主要有西线、东线和南线三个战场，西线是英、法两国与德国交战的战场，东线是俄国与德国、奥匈帝国交战的战场，南线是塞尔维亚与奥匈帝国交战的战场。

德国原本计划速战速决，在6个星期内结束针对英、法两国的西线战事，之后调动部队到东线战场对抗俄国。法国的计划是尽快击败德国，收复在普法战争中被德国占领的故土。德、法两国正式交战后，很快发现各自的计划不可行，速决战演变为持久战。在西线战场爆发的一系列战役中，发生于1916年2月的凡尔登战役最为惨烈。凡尔登战役导致德、法两国伤亡约百万人，因此被称作"绞肉机""屠场"。

1917年，德国进行的无限制潜艇战损害了美国的利益。当年4月6日，美国向德国宣战。战争局势持续恶化，全球许多国家都卷入其中。

1917年，俄国爆发十月革命，不久后退出第一次世界大战。

1918年7月，协约国发起大规模反攻，到9月底已突破德军最牢固的防线，德军败局已定。当年11月，德国军队投降，第一次世界大战结束，同盟国彻底战败。

第一次世界大战是列强发动的非正义战争，也是世界历史上破坏性最强的战争之一。这场战争历时4年多，牵涉30多个国家和地区，约15亿人卷入其中（约占当时世界总人口数的67%）。参战双方使用了潜艇、坦克等新式武器装备，3000多万人因战争伤亡。

▼凡尔登战役中的士兵

凡尔赛—华盛顿体系

第一次世界大战结束后，各国希望签署和平协定，建立新的世界秩序。1919年1月，战胜国的代表们在法国巴黎的凡尔赛宫召开和平会议，史称"巴黎和会"。

实际出席和会的国家共有32个，各个国家的地位并不平等。实际操纵会议的是英、法、美三个国家，其代表被称为"三巨头"（即英国首相劳合·乔治、法国总理克里孟梭、美国总统威尔逊）。

巴黎和会上，各国讨论的核心问题是如何解决德国相关问题。克里孟梭要求严厉处置德国，以确保法国在欧洲的地位。英国虽然在战场上打击同盟国，但劳合·乔治希望法、德两国彼此制约，因此主张放宽对德国的制裁。威尔逊则希望利用德国制约英国和法国。

会议上，各国讨论的主要问题之一是如何解决中国山东问题。中国山东之前被德国侵占，虽然中国是第一次世界大战的战胜国之一，但和会竟决定把德国原在中国山东的一切特权和胶州湾租借地让给日本，这引发了中国的五四爱国运动。

1919年6月28日，参战双方签订了《凡尔赛条约》。根据条约内容，德国失去了大量领土，海外殖民地被英、法、日等国家瓜分，国家军队和武器装备方面受到严格限制，并且承担了巨额赔款。美国代表因要求没有得到满足，拒绝批准《凡尔赛条约》。

▲ 三巨头

此后，协约国还与其他战败国签订了多个条约文件，与《凡尔赛条约》共同构成了条约体系，即"凡尔赛体系"。

"凡尔赛体系"表面上建立了世界和平秩序，实质上是少数战胜国对"胜利果实"的瓜分，不仅加深了战胜国与战败国之间的矛盾，还引发了战胜国与战胜国之间的冲突，为后来的战争埋下了种子。

1921年11月到1922年2月，美、英、法、日等国家召开华盛顿会议，针对"凡尔赛体系"未能解决的东亚和太平洋地区问题进行讨论。会议期间，各国代表签订了一系列条约，在"凡尔赛体系"的基础上形成了"凡尔赛—华盛顿体系"。通过这次会议，中国恢复了对山东的主权。

第二次世界大战与联合国的成立

"凡尔赛—华盛顿体系"建立后，战后问题始终没有得到妥善解决。1929年，资本主义世界爆发了规模空前的经济大危机，各国纷纷采取措施应对。罗斯福新政使美国走出了困局，而德国、意大利和日本走上法西斯道路，向其他国家挑起战争，引发了第二次世界大战。

小知识

"法西斯"是什么？

"法西斯"是拉丁语词，意思是"束棒"，即带有战斧的一束棍棒。束棒是古罗马执法官员的权力标志，棍棒用来击打，战斧用来斩杀，象征强权、暴力。

德国、意大利和日本的法西斯势力

德国

德国在第一次世界大战后失去了大量领土和钱财，社会上兴起了收复领土和复仇的思想。1933 年，希特勒（1889—1945 年）成为德国领导人，德国公开撕毁《凡尔赛条约》，大力加强军事力量。希特勒引领国家走上法西斯主义道路。

意大利

意大利虽然在第一次世界大战中投靠了协约国，但是没有获得期望中的利益，引起意大利社会各阶层的极大不满，民族主义空前高涨。1922 年，法西斯党派的创立者墨索里尼（1883—1945 年）成为意大利最高领导人。1936 年，德国和意大利达成协调外交政策的协定。墨索里尼对内实行军事独裁统治，对外扩张势力范围，梦想恢复罗马帝国的疆土和地位。

日本

1931 年，日本发动"九一八事变"，入侵中国东北地区。1936 年，受军部控制的广田弘毅上台组阁，日本建立法西斯专政，主张加速对外侵略扩张。1937 年，日本制造"七七事变"，对中国发动全面战争。1940 年 9 月，德、意、日三国签订条约，法西斯同盟正式建立。

第二次世界大战的全面爆发

1938 年，德国吞并了奥地利，随后侵占了捷克斯洛伐克。英、法两国对此事纵容和妥协的态度，致使希特勒的野心更加膨胀。1939 年 9 月 1 日，德国对波兰发起袭击。英、法两国是波兰的军事同盟国，不得不对德国宣战，这标志着第二次世界大战全面爆发。此后的一年中，德国向丹麦、挪威、荷兰、比利时、英国、法国等国家发起猛烈进攻，多数国家迅速沦陷。

德国出兵波兰前曾与苏联（"苏维埃社会主义共和国联盟"的简称）签订《苏德互不侵犯条约》，以免在东、西两个方向同时作战。但到了 1941 年 6 月，德国撕毁双方条约，向苏联宣战，进一步扩大了第二次世界大战的战场。

1941年12月，日军偷袭美国海军基地珍珠港，炸毁美国飞机260多架、舰艇20余艘。美国时任总统罗斯福（1882—1945年）称当天是"国耻日"，国会一致通过对日宣战的决定，太平洋地区的战争就此爆发。此后不到半年时间，日军占领了东南亚和西南太平洋地区的多国领土。

▼美国珍珠港战舰中弹燃烧

反法西斯同盟的建立

1941 年 8 月，美国总统罗斯福和英国首相丘吉尔（1874—1965 年）共同起草并发表了《大西洋宪章》，提出联合起来摧毁法西斯势力，并在战后建立"广泛而永久的普遍安全制度"。

▲ 丘吉尔

1942 年 1 月 1 日，美、英、苏、中等 26 个正在与法西斯国家作战的国家的代表签署了《联合国家宣言》，以此表示对《大西洋宪章》的赞同。《联合国家宣言》的签署标志着反法西斯同盟正式建立，为联合国的成立奠定了基础。

第二次世界大战的转折与胜利

1942 年 6 月，美军在中途岛海战中击败日军，太平洋战争出现转机。1943 年 2 月，苏联军民反攻德军，取得了斯大林格勒保卫战的胜利，标志着第二次世界大战的局势从此发生转折。1943 年 7 月，墨索里尼政府垮台，意大利的新政府 9 月宣布无条件投降，并于 10 月对德国宣战，法西斯同盟开始瓦解。

1943 年 11 月，中、美、英三国领导人在埃及开罗举行会议，随后共同发表《开罗宣言》，规定日本归还中国东北地区、台湾岛及其附属岛屿、澎湖列岛等中国领土。中、美、英三国将长期作战，迫使日本无条件投降。

1944 年 6 月，美、英盟军在法国诺曼底成功登陆，开辟了新的战场，使德国落入东西夹击的战局。到了 1944 年年底，苏联军队收复了几乎全部国土。

▲ 诺曼底登陆

1945 年 4 月，苏联军队在联盟军队的协助下攻破德国柏林，占领了国会大厦，这标志着德国法西斯的灭亡，第二次世界大战欧洲战场就此停战。1945 年 8 月，美国在日本投下两枚原子弹，苏联对中国东北的日本军队发起攻击，日本宣布投降，第二次世界大战至此彻底结束。

雅尔塔会议与联合国的成立

第二次世界大战中，反法西斯国家的最终胜利与"雅尔塔会议"的召开密不可分。1945 年 2 月，苏、美、英三国首脑在苏联雅尔塔举行会议，对彻底击败法西斯同盟的战争计划，以及战后问题展开讨论。

如何解决战后问题，维护世界和平呢？苏、美、英三国首脑决定联合众多反法西斯同盟国，共同建立一个国际组织，即"联合国"。

1945 年 4 月 25 日到 6 月 26 日，来自 50 个国家的代表在美国召开"联合国家国际组织会议"，一同讨论并签署了具备法律效力的《联合国宪章》。中国最早开展反法西斯战争，战斗持续时间最长，因此成为第一个签署宪章的国家。1945 年 10 月 24 日，《联合国宪章》正式生效，联合国就此成立。

《联合国宪章》长达 19 章 111 条，其中核心宗旨有三条：维护国际和平与安全；发展国际间以尊重各国人民平等权利及自决原则为基础的友好关系；促进国际合作。

《联合国宪章》的制定和签署是人类文明史上极其重要的一件事，它体现了各国人士从此懂得通过协商的非暴力的手段解决问题。

联合国成立至今，各国代表先后制定了《世界人权宣言》《联合国海洋法公约》《联合国儿童权利公约》《21 世纪议程》《联合国反腐败公约》等文件，在维护世界和平及促进全球发展的事业中发挥了重要的作用。

结　语

　　19世纪以后,美国南北方在蓄奴问题和关税问题上的矛盾越来越大,进而彼此敌对,国家濒临分裂。1861年到1865年,美国发生了历时4年左右的内战。北方军队最终赢得胜利,维护了国家的统一。战争结束后,美国形成南北统一的市场,在第二次工业革命中迅速壮大。

　　19世纪末,欧洲各国先后完成工业革命,寄希望于以扩张的方式获取更大的市场。1914年到1918年,第一次世界大战由奥匈帝国和德国发起,此后牵涉30多个国家和地区,造成3000多万人伤亡。战争结束后,英、法、美等国家通过《凡尔赛条约》等一系列条约建立了"凡尔赛—华盛顿体系",但该体系并没有合理解决问题。之后,德国、意大利和日本建立法西斯政权,发起第二次世界大战。战争牵涉60多个国家和地区,造成上亿人伤亡。

　　两次世界大战给人类带来了无尽的苦难,各国领导人、政治家终于认识到建立国际组织的重要性。"二战"期间,美、英、苏、中等国家共同提议创建联合国。联合国的诞生是世界文明进步的一件大事,标志着全人类从此开始主要用和平的方式解决纠纷。